LAS LECTURAS ELI

Misterio en las Olimpiadas Acuáticas

D1528928

EUROPEAN LANGUAGE INSTITUTE

PEPE

CHELO

RAFA

LOLA

© 2000 - **ELI** s.r.l. - **European Language Institute**
P.O. Box 6 - Recanati - Italia
Tel. +39/071/75 07 01 - Fax +39/071/97 78 51 - E-mail: eli@fastnet.it

Historia de Maureen Simpson
Ilustraciones de Guido Favaro
Versión española de Pablo Acebron Tolosa

Impreso en Italia - Tecnostampa - Loreto 00.83.165.0

ISBN - **88 - 8148 - 456 - 0**

Pepe y **Chelo** son gemelos y son grandes deportistas.

Rafa, su amigo inventor, también es un gran deportista.

Chelo es una buena nadadora. Pepe y Rafa juegan a waterpolo.

Los tres amigos se entrenan mucho.

Como todos los años, su instituto, el "Instituto de Madrid",
participa en las Olimpiadas Acuáticas.

También participa **Lola**, la campeona del "Instituto de
Barcelona", que ha venido con su **entrenador**.

Pero en las Olimpiadas ocurren cosas
extrañas...

Lee la historia, haz los juegos y ayuda
a nuestros amigos a resolver... ¡el
**misterio en las Olimpiadas
Acuáticas!**

¡Venga! Pasa la página, ¡empieza la aventura!

ENTRENADOR

gemelos: hermanos nacidos el mismo día
inventor: inventa, crea cosas nuevas
instituto: centro de educación donde se estudia el Bachiller
se entrenan: 3ª persona plural del presente de indicativo del verbo entrenarse. Hacer ejercicio
para estar en forma
Olimpiadas Acuáticas: competiciones de natación y waterpolo entre distintos colegios
campeona: la mejor en algo, siempre gana

Chelo se entrena en la piscina del colegio.

"Enhorabuena, Chelo: ¡un tiempo récord! ¡Ahora sí que estás preparada para participar en las Olimpiadas Acuáticas y derrotar a Lola, la campeona del Instituto de Barcelona!"

derrotar: ganar, vencer en una competición
enhorabuena: fórmula usada para felicitar a alguien por haber hecho algo bien

También Pepe y Rafa se entrenan con el equipo de waterpolo, pero... ¡no son muy buenos!

El entrenador del equipo está enfadado : "¡No, así no es!
No estáis preparados para las Olimpiadas Acuáticas. Venga, sa-
lid de la piscina. Vamos a los vestuarios a estudiar el sistema de
juego."

enfadado: que no está de buen humor
venga: imperativo del verbo venir. Se usa a menudo para animar a alguien a hacer algo
vestuarios: habitaciones donde los deportistas se cambian de ropa y se duchan
sistema de juego: plan de juego, táctica

El entrenador explica el sistema a los jugadores: "Entonces, ¿está claro? Durante el partido recordad este esquema. Siguiendo este esquema es fácil ganar el partido."

"Pero... míster..." dice Pepe "¡este esquema es demasiado difícil!"

esquema: dibujo que explica el plan de juego, la táctica
recordad: imperativo del verbo recordar. No olvidar
míster: de esta forma llaman en España los jugadores a su entrenador

Ayuda a Pepe. Lee las instrucciones y escribe el nombre de los jugadores en el lugar correspondiente.

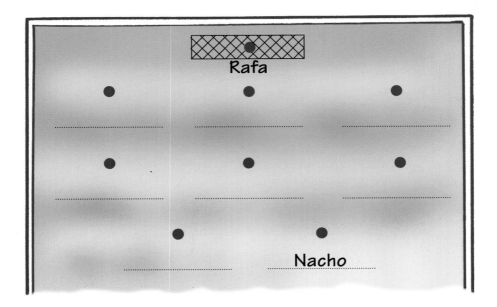

Entonces, **Rafa** está en la portería.

Pepe está a la derecha de Rafa y **Paco** a la izquierda.

Luis está delante de **Rafa**, **Pablo** está a la derecha de Luis y **Marcos** está a la izquierda.

Tino está en la delantera, cerca de **Nacho**.

Los entrenamientos han acabado. Chelo está contenta, pero Pepe y Rafa están preocupados.

"El entrenador tiene razón, nuestro equipo no está preparado para ganar las Olimpiadas Acuáticas", dice Pepe.

"No os preocupéis", contesta Rafa, "tengo un invento que va a resolver los problemas del equipo. Ahora voy a casa a ver si funciona el invento. ¡Chicos, hasta mañana!"

preocupados: intranquilos, nerviosos
resolver: solucionar

¿Cómo se llama el invento de Rafa?
Contesta a las preguntas y lee las letras.

	Verdadero	Falso
1. Chelo está contenta.	~~A~~	N
2. Pepe tiene una gorra roja.	L	G
3. Rafa juega a waterpolo.	U	Y
4. Pepe está preocupado.	A	E
5. Rafa tiene una gorra verde.	A	S
6. Los tres amigos están en la piscina.	S	P
7. El equipo de Pepe está preparado para las Olimpiadas.	L	R
8. Chelo lleva una bolsa de deportes amarilla.	I	O
9. Rafa no lleva bolsa.	F	N
10. Chelo lleva una gorra roja.	E	T

A _ _ _ _ _ _ _ _ _

Al día siguiente Pepe y Chelo preparan las maletas.

"Mi maleta está preparada. Venga, Pepe, vamos a casa de Rafa. Pero... ¿todavía no has preparado la maleta?" pregunta Chelo.

"La verdad es que... ¡no sé qué meter en la maleta! Chelo, ¿me echas una mano?

"Pepe, siempre estás igual. ¡Venga, rápido, que llegamos tarde!"

maleta: caja rectangular para meter la ropa para ir de viaje
¿me echas una mano?: ¿me ayudas?

las gafas de agua

el cepillo de dientes

el alborno

el ordenador

el bolígrafo

el bañador

el libro

¿Qué mete Pepe en la maleta?

....

....

....

....

el gorro de baño

la canasta

la pelota de tenis

zapatillas

la maza de baseball

los calcetines

las zapatillas de deporte

el pijama

Pepe y Chelo llegan a casa de Rafa.

"Pasad, chicos", dice la madre, "Rafa está en el baño."

"¿En el baño? ¡Ya llegamos tarde y el autobús no espera!"

"¡Aquí está! Éste es el invento que va a solucionar los problemas del equipo. ¡Gracias a este invento la victoria está garantizada!", dice Rafa.

"¡Genial, Rafa!", dice Pepe.

Pero la madre de Rafa no está de acuerdo.

pasad: imperativo del verbo pasar. Entrar
garantizada: asegurada

Usa el código de la página 70
y descubre lo que dice la madre de Rafa.

Los chicos van en el autobús. Rafa está un poco enfadado, pero Pepe le dice: "Tu madre tiene razón, Rafa. No podemos usar tu invento para ganar las Olimpiadas..."

La voz del entrenador los interrumpe: "Muy bien, chicos. Recordad que las Olimpiadas Acuáticas son una oportunidad para conocer a otros chicos, ¡y que lo importante es participar, no ganar!"

"¿Entiendes, Rafa?", dice Pepe, "¡Lo importante es participar! A propósito, ¿está lejos el instituto donde se celebran las Olimpiadas?"

interrumpe: presente de indicativo del verbo interrumpir. Detener, hacer que alguien deje de hacer lo que estaba haciendo
oportunidad: ocasión, momento ideal
a propósito: en relación con lo que se está diciendo

Mira el plano y contesta:

¿Cuál es el camino más largo? ☐

¿Cuál es el camino más corto? ☐

¿Cuál es el camino equivocado? ☐

Después de dos horas de viaje, los chicos llegan al Instituto donde se celebran las Olimpiadas. El director del instituto recibe a los muchachos: "Bienvenidos, chicos. Mañana empiezan las competiciones pero esta tarde ya hay una fiesta para vosotros. Que os divirtáis y... ¡que gane el mejor!"
"Oye, Pepe, fíjate, esa chica te està mirando... ¡Le gustas!"

fíjate: imperativo del verbo fijarse. Prestar atención, mirar atentamente
le gustas: piensa que eres guapo o simpático
recibe: presente de indicativo del verbo recibir. Salir a saludar

Completa la tarjeta con las palabras adecuadas:

FIESTA DE LAS OLIMPIADAS ACUÁTICAS

Esta ....tarde........, a las .... horas, venid todos al .... para todos los .... Hay una .... Os esperamos. ¡Nos vamos a .... un montón! ¡Nos vamos a ....

- ☒ tarde
- ☐ divertir
- ☐ 18.00
- ☐ gimnasio
- ☐ fiesta
- ☐ deportistas

En la fiesta, Pepe y Rafa conocen a Lola.

"¡Así que tú eres Lola!", dice Pepe.

"Tú eres la campeona del Instituto de Barcelona, y también eres la adversaria de Chelo", continúa Rafa.

"Sí, pero Chelo y yo somos también amigas."

Chelo, mientras tanto, está hablando con el director del instituto.

"Estas fotos son para vosotros", dice el director.

"Gracias, son un bonito recuerdo", contesta Chelo.

adversaria: contraria, rival en una competición
continúa: presente de indicativo del verbo continuar. Seguir
bonito recuerdo: algo hermoso para no olvidar ese momento

Observa las fotos y ponlas en orden.
Después relaciona cada foto con la frase correspondiente.

✓ **A.** Pepe, Chelo y Rafa salen para el Instituto.

   B. Los chicos llegan al Instituto.

   C. El director del Instituto recibe a los chicos.

   D. Chelo presenta a Lola a Pepe.

   E. Pepe y Rafa hablan con Lola.

"Yo soy un inventor", dice Rafa a Lola. "Esto es un invento mío: es una pajita auto-aspirante. ¿Te gusta?"

"Es muy... ¡interesante!", contesta Lola.

Pero justo en ese momento una voz interrumpe la conversación. Es el entrenador de Lola.

"Chicos, perdonad. Lo siento, Lola, es muy tarde. La fiesta termina y tienes que descansar. Mañana empiezan las competiciones."

"¡Qué pena! Adiós, chicos, nos vemos mañana", dice Lola con voz triste.

auto-aspirante: que hace subir ella sola la bebida del vaso
pajita: pequeño tubo de plástico que se usa para beber
pena: tristeza

Lee las frases y dibuja en los relojes a qué hora se levantan nuestros amigos.

El **entrenador** se levanta a las 7.00.
Chelo se levanta 15 minutos más tarde que **Rafa** y 15 minutos antes que **Pepe**.
Rafa y el entrenador se levantan a la misma hora.
Lola se levanta 20 minutos antes que **Pepe**.

Por fin empiezan las competiciones. Rafa y Pepe están sentados en la tercera fila. Rafa ve en la primera fila a tres chicas del Instituto de Sevilla: están muy enfadadas.

"Pero... ¿por qué esas chicas no participan en las competiciones?", se pregunta Rafa.

"¡A lo mejor porque no tienen bañador!", responde el entrenador.

Pepe, mientras tanto, intenta atrapar un avión de papel...

a lo mejor: quizá, posiblemente
atrapar: agarrar, coger con la mano

Antes del inicio de la prueba, dos chicas resbalan y se caen de la plataforma de salida.

"¡Las participantes de las plataformas 3 y 4 quedan eliminadas!"

"¡No es justo!", dice Irene, una de las chicas, muy enfadada.

"¡La plataforma está grasienta! ¡Por eso hemos resbalado!"

"Lo siento, yo aplico el reglamento", contesta el árbitro.

prueba: cada una de las partes de una competición
resbalan: pierden el equilibrio y caen
plataforma de salida: cubo desde el que los nadadores se lanzan a la piscina
quedan eliminadas: están fuera de la competición

grasientas: con grasa, una sustancia que resbala
aplico el reglamento: sigo y hago respetar la ley

¿Qué han puesto en las plataformas de salida?
Une los puntos y lee la palabra.

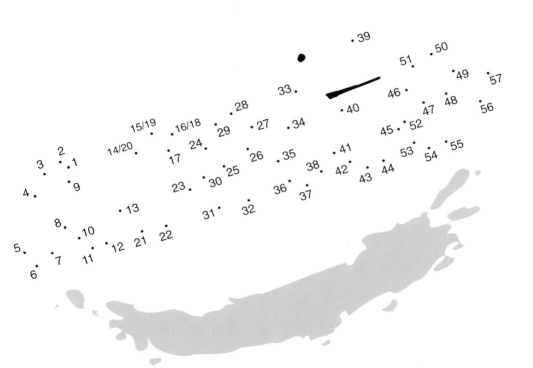

Hoy el equipo de Pepe y Rafa juega el primer partido.

Chelo y Lola están en primera fila.

"¡Qué desastre! ¡No quiero mirar!", dice Chelo.

"Chelo, no seas así. Recuerda que lo importante es participar...", responde Lola.

desastre: algo muy mal hecho, un gran problema

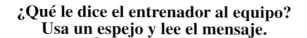

¿Qué le dice el entrenador al equipo?
Usa un espejo y lee el mensaje.

El partido de waterpolo ha terminado. Pepe y Rafa están cansados y también un poco tristes: su equipo ha perdido.

"Hola, chicas. Qué pena el partido...", dice Pepe.

"No, sois buenos, jugáis muy bien", dice Chelo, "pero el equipo contrario juega mejor. El año que viene tenéis que entrenar más. Pero ahora venid, sé dónde tenemos que ir para olvidar el partido..."

"Ah, aquí está mi entrenador. Voy a preguntarle si puedo ir con vosotros", dice Lola.

ha terminado : ha llegado al final
ha perdido : no ha ganado
tenéis que : debéis
olvidar : dejar de pensar en algo

¿Dónde van los chicos para olvidar el partido?
Tacha las palabras y descúbrelo.

ROJO CANSADO PANTALONES
ALEGRE VAN TRISTE
A CAMISA
AZUL FALDA LA
HAMBURGUESERÍA
TRECE
AMARILLO VERDE TRES
SIETE VEINTE ENFADADO

1. Tacha las palabras relacionadas con la ropa de vestir.

....
....
....
....

2. Tacha los colores.

..............ROJO..............
....
....
....

3. Tacha los números.

....
....
....
....

4. Tacha los adjetivos.

....
....
....
....

Los chicos están en la hamburguesería.

"Pobre Lola", dice Chelo, "no puede ir a las fiestas, no puede salir con los amigos, ¡sólo puede entrenarse y dormir! ¡Su entrenador es muy estricto!"

"¡Y antipático!", añade Pepe.

"Tengo una idea para ayudar a Lola a salir a escondidas", dice Rafa.

"¡Rápido, vamos a pagar y volvamos al Instituto!"

| 250 Pts. | 300 pts. | 400 pts. | 350 pts. |

¿De quién es cada ticket?
Escribe debajo el nombre correspondiente.

Ticket 1

300 pts.

400 pts.

350 pts.

400 pts.

Total   1.450 pts

Gracias por su visita

1..................

Ticket 2

300 pts.

400 pts.

350 pts.

Total 1050 pts.

Gracias por su visita

2..................

Ticket 3

250 pts.

400 pts.

300 pts.

Total   950 pts.

Gracias por su visita

3..................

hamburguesería: lugar donde se comen hamburguesas y comida rápida
estricto: duro, muy rígido
antipático: que no es simpático
a escondidas: de forma secreta, sin que nadie lo sepa

Pepe, Rafa y Chelo llaman a Lola: "¡Ven con nosotros! ¡Vamos a jugar a la bolera!"

"¡No puedo!", contesta Lola. "Mi entrenador está delante de la puerta de mi habitación. Está hablando con el árbitro."

"No te preocupes, tengo la solución", dice Rafa.

"Es un viejo método, ¡pero funciona!"

bolera: lugar donde se juega a los bolos
método: sistema, fórmula

¿Qué puede usar para salir de la habitación?
Lee las letras que permiten salir del laberinto.

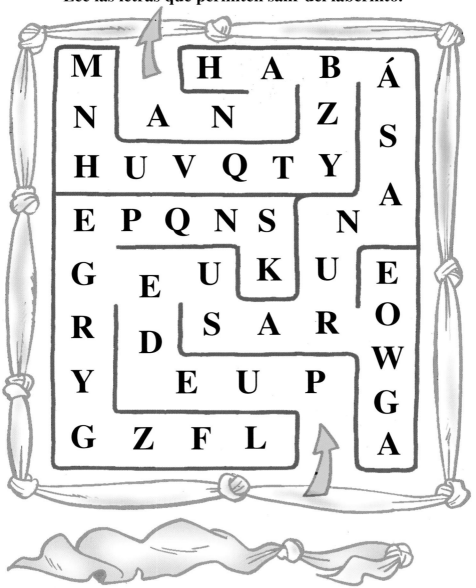

Lola está en la bolera con sus amigos. Es feliz, se divierte mucho.

"¡Muy bien, Pepe! ¡Eres un as!"

"¡Oh, no, Rafa! ¡Mira!", dice Chelo. "Está aquí el entrenador de Lola. ¿Qué hacemos?"

"No te preocupes", contesta Rafa. "Tengo el spray resbaladizo. Sirve para ponerse el gorro de baño sin hacerte daño en el pelo, pero es también una magnífica arma secreta. ¡Mira!"

se divierte: se lo pasa bien, ríe y está contenta
as: campeón
daño: dolor, molestia
secreta: que nadie la conoce

¿Cuántos puntos tiene cada uno?

Rafa tiene 38 puntos.
Chelo tiene 2 puntos menos que Rafa pero
5 más que **Lola**.
Pepe tiene 10 puntos más que Lola.

RAFA ___ CHELO ___

PEPE ___ LOLA ___

¡SLUMP! .... "¡Aaah!", grita el entrenador de Lola antes de caerse al suelo.

"¡Bien! Ya hemos solucionado el tema del entrenador y Lola no se ha dado cuenta de nada", dice Rafa.

"Sí", dice Chelo. "Lola se está divirtiendo mucho y no se da cuenta de nada. Ven, Rafa, vamos a jugar nosotros también. Quiero ganar el campeonato de bolos."

no se ha dado cuenta de nada: no ha visto, no oído nada
campeonato: conjunto de partidas

Responde verdadero o falso
y descubre quién gana el campeonato de bolos.

	Verdadero	Falso
1. Pepe y Lola están en la bolera.	G	N
2. El entrenador se cae al suelo.	A	G
3. Lola no se está divirtiendo.	U	N
4. Lola y Chelo son amigas.	A	E
5. Rafa juega a baloncesto.	A	D
6. Rafa es un inventor.	O	P
7. Chelo no quiere jugar a los bolos.	L	R
8. Rafa usa el spray resbaladizo.	A	O
9. Lola ve a su entrenador.	N	F
10. El spray sirve para ponerse el bañador.	T	A

H A _ _ _ _ _ _ _ _ _ _

A la mañana siguiente Chelo y Lola se entrenan para una nueva prueba.

Rafa y Pepe están viendo los entrenamientos cuando, de repente...

"Oye, Rafa, mira... ¡el entrenador de Lola y el árbitro!", dice Pepe.

"Mmm... aquí hay algo raro. ¿Qué podemos hacer?", pregunta Rafa.

de repente: sin esperarlo
raro: extraño, poco normal

Ordena las palabras y descubre la respuesta de Pepe.

S O V M A   A

_ _ _ _ _   _

G R E S I U   L A

_ _ _ _ _ _   _ _

O T R I B R Á

_ _ _ _ _ _ _

A   E V R

_   _ _ _

U É Q

_ _ _

E C O R U R

_ _ _ _ _ _ .

Así es que Pepe y Rafa siguen al árbitro. Ahora están escondidos en su coche. "Y si nos descubre, ¿qué hacemos?", pregunta Pepe preocupado.

"¡No te preocupes!", contesta Rafa. "Mira este mensaje: está en clave. ¿Qué pone?"

escondidos: ocultos, que nadie los ve
coche: automóvil
está en clave: está escrito con un código secreto

Usa el código de la página 70 y lee el mensaje.

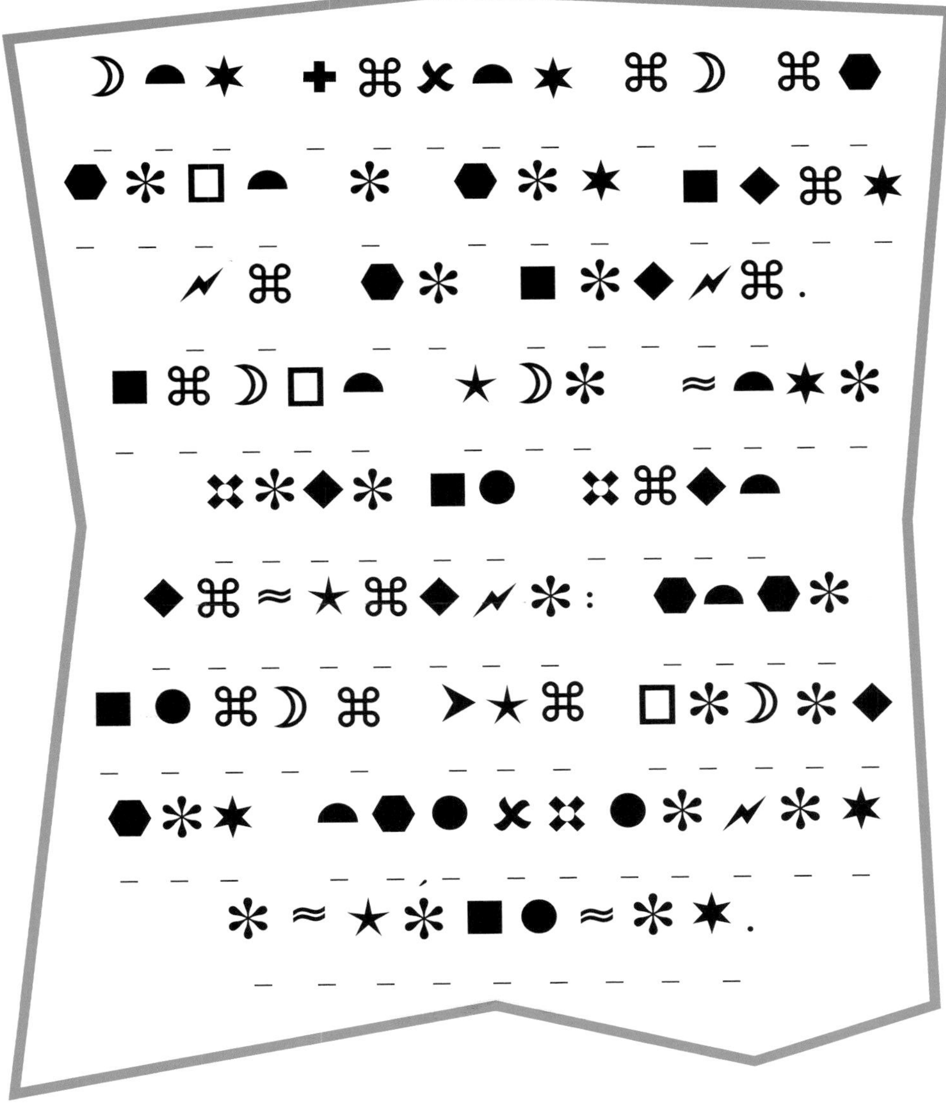

☽ ◗ ✴   ✛ ⌘ ✖ ◗ ✴   ⌘ ☽ ⌘ ⬡

⬣ ✳ ☐ ◗   ✳   ⬡ ✳ ✴   ■ ◆ ⌘ ✴

🗲 ⌘   ⬡ ✳   ■ ✳ ◆ 🗲 ⌘ .

■ ⌘ ☽ ☐ ◗   ★ ☽ ✳   ≈ ◗ ✴ ✳

✖ ✳ ◆ ✳   ■ ●   ✖ ⌘ ◆ ◗

◆ ⌘ ≈ ★ ⌘ ◆ 🗲 ✳ :   ⬡ ◗ ⬡ ✳

■ ● ⌘ ☽ ⌘   ➤ ★ ⌘   ☐ ✳ ☽ ✳ ◆

⬡ ✳ ✴   ◗ ⬡ ● ✖ ✖ ● ✳ 🗲 ✳ ✴

✳ ≈ ★ ✳ ■ ● ≈ ✳ ✴ .

"Estamos en el lago", dice Rafa. "Según el mensaje, la cita es aquí. Ahí está el árbitro. Está hablando con el entrenador de Lola. Tengo que hacerles una foto ahora mismo. ¡Tengo una idea!"

"Cuidado, Rafa", dice Pepe.

"Perdonen, ¿saben qué hora es?", pregunta Rafa a los dos.

"¡No, no lo sabemos!"

"Gracias de todas formas. ¡Hasta luego!", dice Rafa.

cita: encuentro
de todas formas: igualmente

Elige la respuesta correcta.

1. ¿Dónde se encuentran el árbitro y el entrenador? ☐
2. ¿Quién tiene que ganar las Olimpiadas Acuáticas? ☐
3. ¿Dónde lleva escondida Rafa la máquina de fotos? ☐

A En el bar   **B** En el lago   **C** En el aparcamiento

A Lola   **B** Chelo   **C** Irene

A Debajo del sombrero   **B** Dentro de la gabardina   **C** En la mano

Faltan pocas horas para la prueba. Chelo y Lola están todavía en la piscina. Pepe le quiere contar a su hermana lo que ha descubierto, pero... "Oye, ¿dónde va Chelo?" le pregunta Pepe a Lola. "¿Por qué no se entrena?"
"Se va al vestuario", dice Lola, "¡Vamos a ver qué le pasa!"

gabardina: abrigo ligero e impermeable que usamos cuando llueve
faltan pocas horas: quedan pocas horas
ha descubierto: del verbo descubrir. Saber algo que antes no sabías

¿Qué es lo que falta?
Dibújalo en el recuadro correspondiente.

camiseta y pantalones

raqueta de tenis

gorro de baño

A	zapatillas de deporte	pelotas de deporte	
B	gafas de agua		bañador
C		botas de fútbol	balón

"Chelo, ¿qué ha pasado?, pregunta Pepe.

"¿Ya no quieres participar en la prueba?", añade Rafa.

"¡No puedo nadar sin mis gafas de agua!", contesta Chelo enfadada. "Éstas no son mis gafas, ¡mirad! Las mías son verdes... ¡no puedo nadar sin mis gafas!"

¿Dónde están las gafas de agua de Chelo? ¡Observa con atención y encuéntralas!

"O sea, primero los bañadores de las chicas del Instituto de Sevilla, después el aceite en las plataformas de salida, ahora mis gafas de agua...! Aquí hay algo raro!", dice Chelo.

"Pues sí, y nosotros sabemos de qué se trata", dice Rafa.

"¿De verdad?", pregunta Lola.

"¡Ahora os cuento todo!", responde Pepe.

pues sí: que sí, que es así
de qué se trata: en qué consiste

Completa la frase añadiendo las vocales.

*L **TR*N*D*R

D* L*L* L* H*

PR*M*T*D*

*L *RB*TR*

*N R*G*L* S* L*L*

G*N*

L*S *L*MP**D*S

*C**T*C*S.

Faltan pocos minutos para el inicio de las pruebas. Lola y Chelo se preparan.

"Lo siento por mi entrenador", le dice Lola a Chelo.

"¡No es culpa tuya!", contesta Chelo. "Ahora Pepe y Rafa están hablando con el árbitro. Pero tú... ¿estás lista para ganar la competición?"

"No lo sé... sabes... la fiesta, la bolera... ¡estoy un poco cansada."

"Venga, pero si eres la mejor. ¡Seguro que ganas!"

lista: preparada
venga: palabra que se una para dar ánimos

Responde verdadero o falso.

	Verdadero	Falso
1. Lola se ha puesto de acuerdo con su entrenador.	☐	☐
2. Pepe y Rafa están hablando con el entrenador.	☐	☐
3. Lola está un poco cansada.	☐	☐
4. Chelo no participa en la competición.	☐	☐
5. Las pruebas han terminado.	☐	☐
6. Chelo dice que Lola es la mejor.	☐	☐

Ahora corrige las frases falsas.

....

....

....

Pepe y Rafa están hablando con el árbitro.

"¡Sabemos que es usted un tramposo!", dicen.

"¿Pero, qué decís, estáis locos, chiquillos?"

Rafa le enseña las fotos al árbitro: "¡Aquí están las pruebas!"

"¡Dame inmediatamente esas fotos!", dice el árbitro.

Pero Rafa acciona su cinturón de autodefensa y...

¡BLUUM! Un puñetazo deja K.O. al árbitro.

tramposo: que no es honrado, que engaña a los demás
chiquillos: jovencitos
autodefensa: defensa de uno mismo
acciona: pone en funcionamiento, en marcha
puñetazo: golpe fuerte dado con el puño de la mano

Éste es el cinturón de autodefensa de Rafa. Relaciona cada parte con el nombre correspondiente.
Después invéntate un medio de defensa, dibújalo en el espacio amarillo y escribe su nombre.

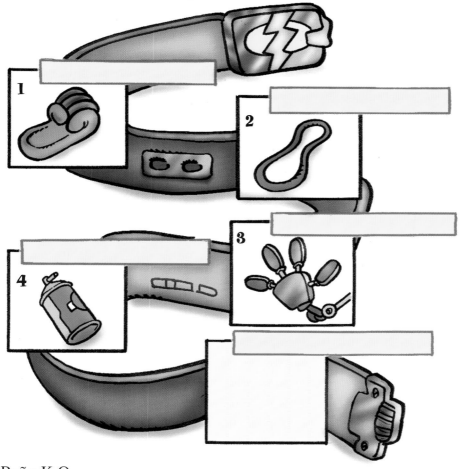

Puño K.O.

Elástico bloquea-enemigos

Mano mecánica

Spray resbaladizo

Pocos minutos antes de las pruebas, las participantes están preparadas. Sólo falta el árbitro.

"Oye, pero...", dice el entrenador de Lola cuando ve al nuevo árbitro entrar en la piscina. "... ¡Éste no es mi árbitro!"

"¡Claro que no!", dice Pepe. "Éste es un árbitro honrado. ¡Gracias a él ganará la mejor nadadora!"

falta: no está presente
honrado: contrario de tramposo, que se comporta con justicia

¿Cómo están?

- ☐ preocupado ☐ triste ☐ feliz
- ☐ enfadado ☐ enamorado ☐ cansado

1 _____

2 _____

3 _____

4 _____

5 _____

6 _____

Las pruebas han empezado. Una participante del Instituto de Cuenca va primera, seguida de Lola y después de Chelo.

"¡Basta, me marcho!", dice enfadado el entrenador de Lola.

Pero Rafa acciona el elástico bloquea-enemigos de su cinturón de autodefensa: "¡No se puede marchar ahora, tiene que esperar hasta el final de la prueba!"

me marcho: me voy
bloquea: detiene

¿Cuál es el premio para el ganador de la competición?
Busca 9 palabras, táchalas y lee las letras que sobran.

_ _ _ _ _ _ _ _ _ _ _ _ _

La competición ha terminado.

"¡Enhorabuena!", dice Pepe a Lola y Chelo.

"Y ustedes", les dice Rafa al entrenador y al árbitro, "esperen aquí: el director del Instituto les quiere decir una cosa..."

**Éstas son las fotos recuerdo de las Olimpiadas Acuáticas.
Relaciona cada foto con la frase correspondiente.**

1.- Pepe, Chelo y Rafa salen hacia el Instituto.
2 - El director del Instituto recibe a los chicos.
3 - Lola y Chelo se entrenan.
4 - El entrenador habla con el árbitro.
5 - Rafa bloquea al entrenador.
6 - Las pruebas han terminado.

"Soy el director del Instituto. Desde hoy, el entrenador del Instituto de Barcelona no podrá participar nunca más en las Olimpiadas Acuáticas.
Y el árbitro tramposo... ¡queda despedido!"
"¿Habéis entendido?", pregunta Rafa.

nunca más: jamás
queda despedido: ya no puede trabajar más como árbitro

¿Quién lo dice?

1 ¡Lola tiene que ganar las Olimpiadas Acuáticas!

....

2 ¡El próximo año quiero ganar yo!

....

3 ¡Mi cinturón de autodefensa es magnífico!

....

4 ¡Nos hemos divertido un montón!

....

5 ¡No tenéis pruebas contra mí!

....

"¡Enhorabuena, chicas!", dice Pepe.

"Pero... nosotros tampoco hemos estado mal. Somos unos grandes detectives", añade Rafa.

"¡Sí, unos auténticos héroes!", dice Pepe.

"Es verdad. Y aquí tenéis vuestro premio: ¡un buen chapuzón!", dicen Lola y Chelo a la vez.

detective: persona que investiga casos raros y misterios
chapuzón: un buen baño

"¡Aunque no he ganado, estoy muy contenta porque ahora tengo nuevos amigos!", dice Lola.

"Yo también estoy contenta: ¡no es tan sencillo llegar tercera!", dice Chelo.

"Y para la campeona del Instituto de Madrid..."

"¡hip, hip, hurra!"

hip, hip, hurra: se exclama en señal de victoria
sencillo: fácil

"Adiós, amigos. Me lo he pasado bomba con vosotros. Gracias por todo. ¡Mua!" Lola se despide de sus amigos con un beso.
"¡Guau!", exclama Pepe.

pasarlo bomba: pasarlo muy bien, divertirse mucho

"Adiós, Lola. Espero verte muy pronto..."

Busca en la sopa de letras las palabras de la lista y lee el mensaje que forman las letras que sobran.

```
B I E N V E N I D O S F O T O
W N S P R A Y L C L M A O I M
A S Q F E L I Z O I E L P D O
T T U A M I G A M M D B A I R
E I E B O L O S P P A O R R T
R T M M A N B T E I L R B E C
P U A E J E A T T A L N I C A
O T N N U O Ñ R I D A O T T M
L O E S E S A I C A G Z R O P
O A L A G O D S I S N A O R E
R S I J O N O T O O P A R T O
I C I E N T R E N A D O R P N
A C A N S A D O M A L E T A A
P I S C I N A N A T A C I O N
R C I N T U R O N A C E I T E
```

- albornoz
- entrenador
- amiga
- árbitro
- lago
- medalla
- director
- cansado
- piscina
- bienvenidos
- campeona
- instituto
- cinturón
- mensaje
- natación
- esquema
- triste
- aceite
- feliz
- bañador
- foto
- competición
- olimpiadas
- waterpolo
- spray
- maleta
- bolos
- juego

__ __ __ __ __ __ __ __ __ __ __ __ __ __ __ __ __ __ __ __ __ __

__ __ __ __ __ __ __ __ __ __ __ __ __ __

68

Pon las frases en orden y escribe el resumen de la historia.

1 Chelo, Pepe y Rafa se entrenan mucho.

☐ Su centro, el Instituto de Madrid, participa en las Olimpiadas Acuáticas.

☐ Pero gracias a Pepe y a Rafa, el día de las pruebas se presenta un árbitro nuevo.

☐ En ese Instituto hay alumnos de otros institutos.

☐ Pepe y Rafa ven al entrenador de Lola hablando con el árbitro.

☐ Lola y Chelo son adversarias, pero también amigas.

☐ Durante las pruebas suceden cosas extrañas.

☐ Está también Lola, la campeona del Instituto de Barcelona.

☐ Lola no gana las Olimpiadas Acuáticas pero está contenta porque ahora tiene tres nuevos amigos.

☐ El entrenador de Lola le ha prometido un regalo al árbitro si Lola gana.

☐ Los chicos salen hacia el Instituto donde se celebran las Olimpiadas.

☐ Así es que deciden seguir al árbitro y descubrir qué está pasando.

CÓDIGO

A	✳	N	☽
B	♥	O	◗
C	≈	P	✖
D	⚡	Q	➤
E	⌘	R	◆
F	✿	S	★
G	☐	T	■
H	≡	U	★
I	●	V	✚
J	▽	W	☾
K	△	X	▲
L	⬡	Y	✺
M	✖	Z	✳